ICE AGE™ 3
EL ORIGEN DE LOS DINOSAURIOS

MIS TRES PAPÁS

everest

ICE AGE™ 3
EL ORIGEN DE LOS DINOSAURIOS

MIS TRES PAPÁS

Adaptación de
A. J. Wilde

Manny y Ellie estaban esperando un bebé.

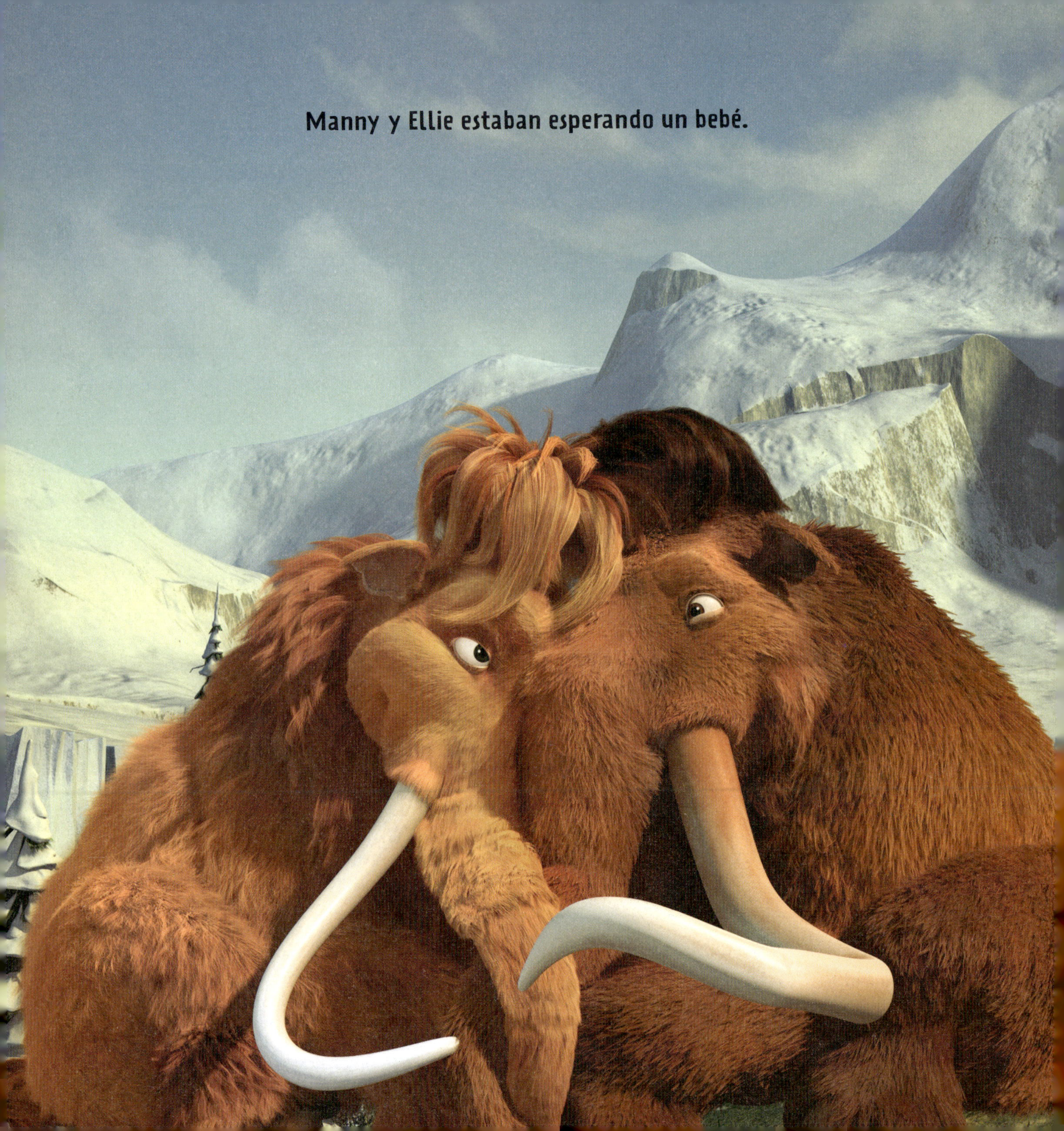

Sid y Diego estaban tan emocionados como los mamuts por la llegada del pequeño. ¡Se sentían como si ellos también fueran a ser padres!

Un día, Ellie se dio cuenta de que el estanque cercano a la cueva familiar había desaparecido.

—Pero, ¿aquí no había un estanque? —preguntó una Ellie muy confusa.

—Lo sequé —explicó Manny—. ¡Un bebé podría ahogarse en él!

—No me lo puedo creer. ¡Estás intentando hacer la naturaleza a prueba de bebés! —exclamó Ellie—. Manny, este es el mundo donde nuestro hijo va a tener que crecer. ¡No puedes cambiar eso!

—¡Claro que puedo! —respondió Manny—. ¡Soy la cosa más grande sobre la Tierra!

—Vale, Superman, ¡suerte con ello! —se burló Ellie.

Manny montó un plan para transformar su peligroso mundo en uno seguro para su hijo, pero iba a necesitar ayuda.

Como papás honorarios, Sid y Diego lo ayudarían en todo momento.

Los tres papás se adjudicaron la misión de hacer el mundo del bebé tan seguro y agradable como fuese posible. Se proponían cambiar los peligros congelados de la tundra pasito a pasito.

¡Sid quería proteger su pequeño cuerpecito de las ramas puntiagudas! Y colocó bolas de nieve en sus puntas.

¡Los carámbanos de hielo podrían hacer mucho daño a un recién nacido!
Diego rugió hasta que se cayeron al suelo y se rompieron en mil pedazos.

¡Manny no quería que su minimamut se hiciese daño cuando aprendiese a andar! Y suavizó las rocas puntiagudas cubriéndolas de barro.

Cuando los tres «papás» terminaron su dura tarea, Manny enseñó a Ellie lo que habían logrado.

—*Voilà!* —exclamó Manny.

—¡Un patio de recreo para el peque! —declaró orgullosamente Sid.

—Oh, Manny, ¡es increíble! ¡AAAYYY! —Ellie se agarró la tripa.

—¡¿Qué?! ¡¿Ya viene?!—gritó Manny.

—¡El bebé acaba de dar una patada! —exclamó Ellie.
—¡¿El bebé ha dado *una patada?!* —repitió Diego.
—¿Estás bien? —preguntó Sid.
—Sí, ¡y el bebé está en camino! —explicó Ellie.

Poco después, nacía Peaches, y todos estaban deseando conocerla. Manny, de repente, se preocupó por si el móvil de hielo que había hecho fuese peligroso... ¿Y si le caía encima a su bebé?

—¡Tranquilízate! —exclamó Ellie—. La mejor manera de proteger a nuestra hija es tener cerca a nuestros amigos.

Con unos papás «extra» como Sid y Diego, la pequeña mamut estaría más que protegida.

Título original: *Ice Age: Dawn of the Dinosaurs: My Three Dads*
Traducción: Natalia Molinos Navarro

EDITORIAL EVEREST, S. A.
División de Licencias y Libros Singulares
Calle Manuel Tovar, 8
28034 Madrid (España)

ISBN: 978-84-441-6372-7
Depósito legal: LE. 989-2009
Printed in Spain – Impreso en España
Editorial Evergráficas, S. L.